PÉLERINAGE

RELIGIEUX ET POÉTIQUE

A Notre-Dame-de-Fourvière.

Lyon. — Imprimerie de Boursy fils.

FOURVIERE
Lacombe

PÉLERINAGE

RELIGIEUX ET POÉTIQUE

À Notre-Dame-de-Fourvière,

PAR

Alphonse de Caner.

LYON.

CHEZ LES PRINCIPAUX LIBRAIRES

de la rue Mercière.

—

1845.

AVANT-PROPOS.

En plaçant en tête de ce petit re-
cueil de prières et de méditations en
l'honneur de la Vierge un abrégé
itinéraire des lieux que parcourent les
fidèles et pélerins que voit affluer sans
cesse la chapelle de Notre-Dame-de-
Fourvière, nous avons pensé que le
lecteur nous saurait gré de mettre

ainsi sous ses yeux une rapide analyse des principaux événements ou faits historiques qui se rattachent à ce sol célèbre à tant de titres.

Le lecteur donc, à qui nous venons servir de cicérone, ne refusera pas son indulgence à cette modeste collection de chants et de pensées plutôt pieux que poétiques, et dont le seul mérite à nos yeux se trouve dans ces mots : *Pélerinage religieux et poétique à Notre-Dame-de-Fourvière.*

ITINÉRAIRE.

Après avoir traversé les ponts du Change ou de l'Archevêché, les fidèles qui se rendent à la sainte chapelle de Fourvière peuvent y arriver par les montées dites des Anges, du Gourguillon ou de Saint-Barthélemy. Les personnes qui s'y dirigent par la place Saint Jean, la rue de la Bombarde, passent devant le Chemin-Neuf, que le comte des Adrets, maître de Lyon, fit tracer pour communiquer plus librement avec ses troupes dont le camp était établi à Saint-Just.

Un peu plus loin, cette pente étroite et escarpée qui s'offre à nous et conduit également au coteau de Fourvière, c'est la montée du Gourguillon, nom que les traditions religieuses et populaires font dériver des mots latins : *gurges sanguis* (gorges de sang), faisant allusion sans doute aux torrents de sang qui, à l'époque des massacres des premiers chrétiens, sous les préfets de Rome, découlèrent de la sainte colline et vinrent rougir la Saône. Il faut se rappeler, avant de quitter cette difficile montée du Gourguillon, qu'en l'année 1305, Bertrand de Goth, archevêque de Bordeaux, descendant de Saint-Just où il venait d'être sacré pape, passa, lui et son cortége, composé des rois de France et d'Angleterre, de cardinaux, de ducs et de princes, tous dans de magnifiques costumes, par ce même sentier si étroit et si rapide que nous venons de franchir ; le pape lui-même, sur sa mule, et tout son cortège à cheval, descendirent, chose à peine croyable aujourd'hui, cette même pente si raide, si escarpée, qu'un homme peut à peine s'y tenir debout sans danger de glisser, ailleurs que sur les escaliers étroits qu'on y a pratiqués de nos jours.

L'affluence extraordinaire de curieux et de spectateurs que cette cérémonie du sacre du pape Clément V avait attirée dans ces lieux, faillit occasionner les plus grands malheurs. Un mur s'étant tout-à-coup écroulé sous le poids des bourgeois, citadins et étrangers de tous rangs et de tous sexes, le désordre se mit soudain dans le cortége pontifical; plusieurs personnes furent écrasées ou étouffées; le pape lui-même, ayant été renversé de sa mule, reçut plusieurs contusions, et perdit dans le tumulte un superbe diamant.

Presque au milieu de ce chemin mal pavé qu'on nomme montée Saint-Barthélemy, vous apercevez un bâtiment fraîchement recrépi, sur la façade duquel sont écrits en lettres gigantesques ces mots : *Dépôt de Mendicité.*

Près de la porte de cet établissement, sur le chemin même, et à la portée de toute main charitable, est le tronc du dépôt de mendicité, dans lequel tout pieux pélerin ne manque pas de jeter son offrande. Cet asile de tant de misères réelles et diverses, dont la réunion offre un spectacle à la fois si douloureux et si consolant, était autrefois le cloître des religieuses dites des Chazeaux. Ce fut long-temps une abbaye royale ; mais les bâtiments seuls du dépôt de mendicité sont encore nommés les Chazeaux, du nom de l'ordre religieux qui y fixa son séjour en 1623. Quelle histoire éloquente que celle de tant de pieux édifices transformés ou profanés ! Ce monastère des Chazeaux, fondé en 1332 dans un lieu du Forez dont il a pris le nom, subsista jusques à l'époque de la première révolution. Disons, à propos du dépôt de mendicité, que le plus grand ordre, la plus parfaite économie, la propreté et la salubrité les mieux entendues, règnent dans cet asile de la pauvreté et de la vieillesse, que la charité et une philanthropie éclairée s'efforcent de rendre moins triste à ceux qui l'habitent.

Le travail, cette source de tout bien, cette unique base des sociétés, sans lequel il n'est pas de bonheur possible, est organisé dans l'établissement des pauvres avec ordre et prévoyance, selon les forces, le sexe et l'âge de chaque dé-

tenu. C'est une pensée véritablement charitable
et catholique, que celle de ramener par le travail
et la religion à l'amour de l'ordre, à la résignation, ces êtres malheureux que l'oisiveté et la
paresse ont flétris et dégradés.

Voici, un peu plus haut, à droite, la chapelle
de sainte Philomène, que la dévotion toujours
croissante des fidèles a déjà au loin rendue célèbre. Plus d'une mère pieuse, plus d'une épouse
éplorée ont dû à l'intercession efficace de la
sainte leur conversion et la conservation des
jours d'êtres chéris que la mort allait leur enle-
ver. Les murs de la chapelle de sainte Philomène, couverts d'*ex voto*, disent assez la reconnaissance des âmes dévotes et exaucées ; la foi
et la bienfaisance des fidèles ornent incessam-
ment l'image de la sainte dont nous venons de
saluer la petite chapelle.

Arrêtons-nous un instant devant ce grand bâtiment que nous trouvons à gauche : c'est l'Antiquaille, séjour de ces infortunés dont la raison
s'est éteinte, pauvres victimes des passions, des
égarements et des chagrins de l'humanité !

A l'emplacement même de ce vaste bâtiment aux nombreuses et étroites fenêtres garnies de barreaux de fer, à cet emplacement s'élevait, aux jours de la domination de Rome, un palais où naquirent plusieurs empereurs de l'immortelle nation. Ce fut le palais impérial d'Auguste et de Drusus ; Antonia y accoucha de Claude et de Germanicus ; enfin, plus tard, Anne d'Autriche, Louis XIV et Pie VII visitèrent l'hospice actuel des fous, c'est-à-dire l'Antiquaille.

Un peu plus loin, et avant d'arriver à Fourvière, les pélerins visitent le Calvaire et des souterrains où la foi trouve les plus saints et les plus touchants souvenirs.

PÉLERINAGE

RELIGIEUX ET POÉTIQUE

A NOTRE-DAME-DE-FOURVIÈRE.

Enfant, viens avec moi sur la sainte colline
Où la Vierge Marie a son modeste autel.
Enfant, viens te placer sous l'égide divine
De la Mère du Christ, de la Reine du ciel.

Marchons tous deux guidés par l'espérance,
  Gravissons le coteau sacré,
  Nos cœurs remplis de confiance
  Dans ce nom doux et vénéré !

Tout cœur chrétien vers vous s'élance,
  O Vierge, espoir des malheureux !
  Symbole d'amour, d'innocence,
  La plus pure étoile des cieux !

O Vierge, étoile de la France !
Guidez les cœurs purs et pieux ;
Que l'incrédule et l'orgueilleux
A votre nom s'inclinent en silence.

« Vois, disait le vieillard à son enfant heureux,
      » Vois ce temple majestueux,
      » Qui des siècles porte l'empreinte,
      » Et qu'habite un prélat pieux.
   » De son porche approchons sans crainte.
      » Au saint patron offrons nos vœux. »

De la foi, divine étincelle,
A ton nom seul, ô temple révéré !
Le chrétien fervent se rappelle
Jésus à ses bourreaux livré,
Et Jean, le disciple fidèle,
Près de la croix du Seigneur attiré.

Lorsque sur sa mère, tremblante
D'effroi, de douleur haletante,
Jetant un regard langoureux,
Jésus dit d'une voix mourante,
Qui remplit la terre et les cieux :
« Voici votre fils, ô Marie !
» Jean, mon disciple bien-aimé,

» Appui d'une mère chérie,
» Jean qui de son cœur alarmé
» Soutiendra la longue agonie ! »

Plus loin, enfant, veux-tu suivre mes pas
Pour employer saintement ta journée?
Voici les lieux où de saint Irénée
Les compagnons reçurent le trépas.
Comme nos fronts notre âme est prosternée.
    Là, des flots d'un sang généreux
    Le sol semble teint à mes yeux !
Là, des martyrs la palme fut donnée
    Aux premiers chrétiens nos aïeux.

    Loin des bruits de l'immense ville,
    En gravissant le saint coteau,
    Enfant, que ton regard tranquille
    Ne cherche palais ni château,
Car, mon enfant, le palais le plus beau
    Du pauvre ne vaut pas l'asile.

    Pour être agréable au Seigneur,
    Dans ce pieux pélerinage
    Il faut payer le tribut du malheur :
Donne, mon fils, car l'aumône, à ton âge,
    Plaît au ciel et porte bonheur.

Donnons aux pauvres, au passage ;
L'aumône épure notre cœur,
L'aumône donne du courage,
L'aumône rend l'homme meilleur,
L'aumône abrége un long voyage,
L'aumône, aux regards du Sauveur,
C'est, mon fils, le plus pur hommage.

Chaque souffrance a son séjour
Sur la colline de Fourvière ;
Sur les abris de la misère
Répandons notre or chaque jour,
Car la mère d'un Dieu d'amour
Du pauvre et du puissant écoute la prière.

Mais dans les airs s'offre à ma vue
Une église et son vieux clocher.
Enfant, que mon âme est émue !
Tremblant, j'ose à peine approcher.

Par la ferveur et l'innocence
Cet humble temple visité
Domine la vaste cité
Comme une étoile d'espérance,
Comme un phare de charité.

Voici le seuil de l'humble temple
Qu'habite la Reine du ciel ;
Ici Marie a son autel ;
Ici, d'amour divin exemple,
La mère de Jésus contemple
Et protége chaque mortel.

Déjà la chapelle envahie
S'offre parée à nos regards ;
Des pélerins la foule prie,
Car on accourt de toutes parts
A Fourvière implorer Marie.

A toute heure, des pélerins
L'humble voix sous ses voûtes prie ;
A toute heure, soirs et matins,
Avec l'orgue aux flots d'harmonie,
On entend de pieux refrains
Célébrer le nom de Marie,
L'égide du pécheur, l'étoile des marins.

Car Notre-Dame de Fourvière
C'est l'asile de la prière,
L'asile des saintes douleurs,
Un refuge à tous les malheurs,

Et pour l'immense ville entière
Un phare aux célestes splendeurs.

Ces tableaux, ces riches dorures,
Ces cierges aux mille clartés,
Ces urnes, ces fleurs, ces tentures,
Ces oriflammes agités,
Des lieux par Marie habités
Forment les plus belles parures,
Car ce sont les tributs par l'amour apportés
Des âmes ferventes et pures.

Des pélerins reconnaissants
Ces murs ont reçu mainte offrande.
Du Christ les regards tout puissants,
La grâce inépuisable et grande,
Inspirent leurs pieux accents,
Car il n'est pas d'humble demande,
Unie aux plus humbles présents,
Que Jésus n'accueille ou n'entende.

En tout temps, en toutes saisons,
A chaque heure de la journée,
A chaque époque de l'année
Cette chapelle où nous entrons,

Par la reconnaissance ornée,
Est de respect environnée.

Oui, Marie, à vos pieds s'inclinent tous les fronts ;
Marie, à vos autels la foule est enchaînée ;
Sur le coteau divin sans cesse ramenée
Comme le blanc ramier à la source des monts.

    Mais quand la terre est reverdie,
      Quand ses parfums montent au ciel,
   Alors surtout on implore Marie,
Les fleurs et l'innocence entourent son autel.

    Mais il est un lieu que révère
    Le chrétien fidèle et fervent,
    C'est le saint enclos du Calvaire.
    Enfant, nous y viendrons souvent,
    Car, à l'aspect de la croix sainte
    Sur laquelle mourut un Dieu,
    Du chrétien dans cette humble enceinte
    Le cœur ne forme qu'un seul vœu :
    Mourir au pied de la croix sainte !

Long-temps après, l'enfant, le vieillard prosternés,
Contemplant les saints murs de tableaux couronnés,

Redisaient lentement, d'une voix recueillie,
Par l'inspiration de leur cœur entraînés,
Ces hymnes par les cieux à la terre donnés,
Les doux chants de Marie.

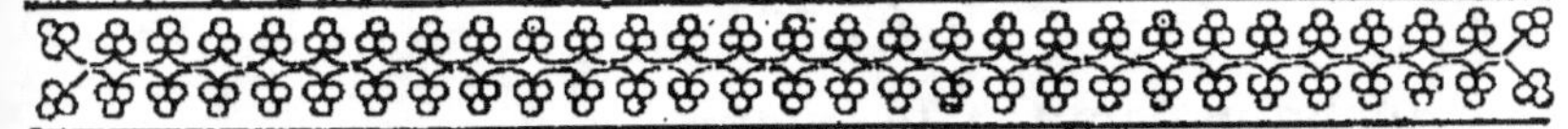

SALVE REGINA.

Salut à vous, Reine des anges !
Salut à vous, Reine des cieux !
Salut, Marie, en tous les lieux,
Objet d'éternelles louanges !

Salut, tige au rameau sacré,
Arche sainte, port désiré !
Salut à vous, flamme divine,
Dont tout cœur chrétien s'illumine.

O Reine des cœurs affligés !
Veillez sur nous dans les dangers ;
Du haut des cieux votre demeure
Soutenez notre âme qui pleure,

Du pécheur écoutez les vœux.
Mère du Christ, ô Vierge aimable,
Soyez propice et secourable
    A vos fils malheureux !

Et sur la terre comme aux cieux
    Ils béniront sans cesse
Votre doux nom, symbole de tendresse,
    Votre nom glorieux !

AVE, MARIS STELLA.

Salut à vous, Marie, étoile des marins,
Espoir des voyageurs, guide des pélerins.
Salut, Reine des cieux, égide tutélaire,
Rose aux mille parfums, fontaine salutaire
Qui rafraîchit notre âme et calme nos douleurs
En nous purifiant des terrestres ardeurs.
De l'ange Gabriel quand la voix inspirée
Vous salua trois fois, ô Vierge révérée,
Votre nom, par la terre et par les cieux redit,
Comme un signal de vie alors fut applaudi.
Vierge, Mère du Christ, vous la Reine des reines,
Du pécheur qui gémit brisez les lourdes chaînes;

Rendez droite la voie où l'erreur nous conduit,
Gardez notre faiblesse, éclairez notre nuit,
Soyez la source pure où notre âme s'abreuve;
Vous, l'espoir du malheur, vous, l'appui de la veuve,
De la foi dans nos cœurs rallumez le flambeau.
Protégeant tour à tour la tombe et le berceau,
Réveillez la tiédeur, Vierge, étoile divine.
Marie, à votre nom que notre orgueil s'incline.
Protégez vos enfants, **Mère** du genre humain ;
Aux plus faibles prêtez l'appui de votre main.
    Reine des anges, Reine aimable,
    Marie, ô Vierge secourable !
    Du haut des cieux écoutez-nous :
    De Dieu désarmez le courroux.
    O vous ! le modèle des mères,
    Que nous implorons à genoux,
    Marie, exaucez nos prières,
    Tarissez nos larmes amères.
    Source ineffable de bonté,
    Sur vos enfants veillez sans cesse.
    Près de la sainte Trinité
    Soyez l'appui de leur faiblesse,
Et donnez-leur un jour, prix de votre tendresse,
    L'éternelle félicité !

MAGNIFICAT.

Mon âme glorifie et chérit le Seigneur,
Mon âme avec amour célèbre un Dieu sauveur;
Car le Seigneur a fait de son humble servante
L'objet prédestiné de sa grâce puissante;
Son regard, son esprit, dans mon obscurité
Ont fait briller l'éclat de sa divinité;
A la voix de son ange un mystère ineffable
En moi s'est opéré, mystère impénétrable!
Car vous avez en moi, Dieu plein de majesté,
Accompli vos desseins et votre volonté,
Et vous avez choisi l'humble sein d'une femme
Pour venir l'habiter!... Glorifiez, mon âme,

Glorifiez le Dieu qui, patient et doux,
Pour aimer, pour souffrir, descend vivre avec nous !
Glorifiez le Dieu dont le bras invincible
Garde au vice, à l'orgueil, un châtiment terrible,
Qui, du faîte par lui dans l'abîme jetés,
Voit les méchants du jour errer épouvantés.
Glorifiez, mon âme, et célébrez sans cesse
Le Très-Haut, dont la force égale la tendresse !
Glorifiez, mon cœur, avec humilité,
Le Seigneur, Roi des rois, qui vous a visité !
Car lui, dont le nom seul nous remplit d'épouvante,
Il n'a pas dédaigné sa soumise servante.
Glorifiez, mon âme, un Dieu clément et doux,
Car il vient, pour sauver le monde, jusqu'à vous.

STABAT MATER.

Près de la croix, triste, effarée,
De Jésus la Mère éplorée,
Tremblante, unie à ses douleurs,
Baignait la terre de ses pleurs.

Oh! que sa peine fut amère!
Quel tourment pour un cœur de mère,
Tout saignant du coup assassin
Qui du Christ déchira le sein.

Combien elle était affligée!
De sanglots, de soupirs chargée,

Son âme succombait pour nous,
Voyant le Christ mourir pour tous.

Quel homme n'eût versé des larmes
S'il eût vu l'effroi, les alarmes,
Les angoisses, le triste adieu
De la Mère du Fils de Dieu !

Qu'elle était chagrine et tremblante,
A genoux, faible et chancelante,
Lorsqu'à ses yeux coula le sang
Du Sauveur d'un monde méchant !

De tout bien source inépuisable,
Vierge Marie, ô Vierge aimable !
Faites que, de vos pleurs touchés,
Nous pleurions sur tous nos péchés.

Ah ! faites briller dans notre âme
Votre doux nom pour qu'il l'enflamme
D'amour, de foi, de charité,
Seuls flambeaux de l'éternité !

Du malheur, vous, la protectrice,
Vierge, à mes vœux soyez propice,

Faites que l'amour de Jésus
Me place au nombre des élus !

Que je porte sa croix pesante,
Et que sa blessure saignante,
Déchirant mon coupable cœur,
Du démon le rende vainqueur !

Que je reste avec vous sans cesse
Près de la croix, dans la tristesse ;
Que je partage vos douleurs
Et mêle mes pleurs à vos pleurs !

O vous ! des vierges la patronne,
Dont l'appui jamais n'abandonne
L'enfant qui prie avec ferveur,
Implorez pour moi le Sauveur.

Du Christ implorez la clémence
Pour nous, pour le monde en démence ;
Au ciel, où votre gloire a lui,
Vierge, prêtez-nous votre appui !

Marie, à mon heure dernière,
Daignez, exauçant ma prière,

Me servir près d'un Dieu vengeur
D'interprète et de défenseur.

Que par vous en mourant j'obtienne
Le seul espoir qui nous soutienne,
L'espoir du bonheur éternel
Qu'aux élus réserve le ciel !

ANGELUS.

Un ange du Seigneur,
Messager de bonheur,
A la Vierge Marie
Dit : « Vous êtes choisie
» Pour Mère du Sauveur. »
Sur l'âme recueillie
De la Vierge accomplie
Le Verbe descendit
Avec le Saint-Esprit.
    Ave, Maria, etc.
Salut à vous, Vierge Marie,
Entre toutes vos sœurs bénie.

O Vierge ! des vierges l'honneur,
Soyez, au déclin de sa vie,
   Propice au pauvre pécheur
     Dont la voix pleure et prie.

  Marie, avec ferveur,
  Dit : « Je suis du Seigneur
  » La servante fidèle ;
  » Quand votre loi m'appelle
  » Qu'il soit, Dieu de bonté,
» Fait selon votre volonté.
» En moi votre esprit se révèle,
» Votre pur amour étincelle
  » Dans mon cœur agité. »
    Ave, Maria, etc.
Salut à vous, Vierge Marie, etc.

  Et le Verbe divin
  Se fit chair et devint
  Le flambeau tutélaire
  Des enfants de la terre.
  Et du sein innocent
  D'une Vierge, naissant,
  Le Dieu que tout révère

Se prépare au Calvaire
Qu'arrosera son sang.
Ave, Maria, etc.

Salut à vous, Vierge Marie,
Salut à vous, Vierge bénie.
O Vierge ! des vierges l'honneur,
Soyez, au déclin de sa vie,
Propice au pauvre pécheur
Dont la voix pleure et prie.

STANCES A MARIE.

Marie, ô vous la sœur et la Reine des anges !
L'étoile du marin, l'appui du malheureux,
Vous dont la cour céleste applaudit les louanges,
Vierge, Mère du Christ, sur nous jetez les yeux.

De l'onde qui murmure et de l'oiseau qui chante,
De l'essaim matinal, du zéphyr dans les bois,
Chaque bruit, chaque son, comme une hymne fervente,
Vers vous, quand mai fleurit, s'élancent à la fois.

CHOEUR.

Marie, ô vous la sœur et la Reine des anges!
L'étoile du marin, l'appui du malheureux,
Vous dont la cour céleste applaudit les louanges,
Vierge, Mère du Christ, sur nous jetez les yeux.

Le fleuve mugissant, au sinistre cortége,
Déjà couvre de deuil nós villes et nos champs;
Du haut du saint coteau que votre autel protége,
Mère des affligés, secourez vos enfants!

CHOEUR.

Marie, ô vous la sœur et la Reine des anges!
L'étoile du marin, l'appui du malheureux,
Vous dont la cour céleste applaudit les louanges,
Vierge, Mère du Christ, sur nous jetez les yeux.

LYON ET SES ENFANTS

Au coteau de Fourvière.

Lyon, l'antique cité,
De Marie aime la fête.
D'oliviers ceignant sa tête,
A ses enfants Lyon répète :
Saluons de nos chants pieux
La protectrice de la Franee !
De Fourvière où montent nos vœux,
Douce Vierge, Reine des cieux,
Soyez l'égide et l'espérance,
Soyez l'appui, la providence
De Lyon, par vous seule heureux !

CANTIQUE A LA VIERGE.

A M. Chiron, vicaire de St-Polycarpe.

Louons la Vierge Marie
Dans nos chants pleins d'harmonie.
Vers les célestes splendeurs
Volez, cantiques et cœurs !
A toute heure de la vie
Louons, louons toujours Marie.

Marie est la pure flamme
Qui garde et réchauffe une âme,
Le doux rayon de candeur
Qui nous montre un Dieu sauveur.
Louons, louons toujours Marie
A toute heure de la vie.

Comme une étoile divine
Son doux front sur nous s'incline,
Et les astres radieux
Sont pâles près d'elle aux cieux.
Louons, louons toujours Marie
A toute heure de la vie.

Son pied a brisé ta tête,
Impur serpent, sa conquête ;
Sous son pied fort et divin
Le démon se dresse en vain.
A toute heure de la vie
Louons, louons toujours Marie.

Appui du chrétien qui pleure,
Son doux sein fut la demeure
De Jésus, le Dieu puissant,
Qui pour nous versa son sang.
Louons la Vierge Marie
A toute heure de la vie.

Il n'est ni beauté ni grâce
Qu'aux cieux sa beauté n'efface.
Son doux front, vers Dieu tourné,

D'étoiles est couronné.
A toute heure de la vie
Louons, louons toujours Marie.

Déjà, Vierge bienheureuse,
Des saints la cour radieuse,
Dans ses cantiques joyeux,
Vous dit la Reine des cieux !
A toute heure de la vie
Louons, louons toujours Marie.

Vous, du Christ la chaste mère,
Gardez-nous sur cette terre,
Nos cœurs béniront toujours
Votre céleste secours.
A toute heure de la vie
Louons, louons toujours Marie.

De tous biens source ineffable,
Du Sauveur, ô mère aimable,
Gardez-nous d'un triste sort
A l'heure de notre mort.
Louons et bénissons Marie
A chaque instant de la vie.

3..

TENDRE MÈRE DES AFFLIGÉS.

CANTIQUE.

A M. Chirat, curé de Neuville.

Dans la saison des orages,
Lorsqu'aux cieux de noirs nuages
S'amoncellent sur vos fronts ;
Laboureurs et vignerons,
Vieillards, enfants, à Marie
Qu'à genoux chacun s'écrie :
Tendre mère des affligés,
Secourez-nous dans les dangers.

Quand les campagnes fertiles
Menacent d'être stériles,
Lorsque la pluie à torrents
Dévaste vignes et champs ;
Que votre front s'humilie,
Que tout cœur dise à Marie :
Tendre mère des affligés,
Secourez-nous dans les dangers.

Lorsque les guerres civiles
Désolent les champs, les villes ;
Lorsque le bronze aux combats
Appelle artisans, soldats,
Dites, épouses et mères,
Redites en vos prières :
Tendre mère des affligés,
Secourez-nous dans les dangers.

Sur les vagues en furie
Exposant fortune et vie,
Hardis pêcheurs et nochers,
Lorsqu'au milieu des rochers
Et des montagnes de glace
La mort partout vous menace,

A la mère des affligés
Adressez-vous dans vos dangers.

Mais un funeste incendie
Fond sur la ville endormie,
Et le lugubre tocsin
Jette l'effroi dans son sein.
Volons secourir nos frères
En disant, chrétiens sincères :
Tendre mère des affligés,
Secourez-nous dans les dangers.

En proie à la maladie,
Une existence chérie,
Malgré les soins, les secours,
Nous fait trembler nuits et jours;
Mais si l'art est sans puissance,
Cherchons aux cieux l'espérance.
Tendre mère des affligés,
Secourez-nous dans nos dangers.

Sur les routes solitaires,
Au milieu d'arides terres,
Pauvres voyageurs, la nuit
Que de fois la mort vous suit !

Mais votre cœur se confie
Au doux appui de Marie,
Et la mère des affligés
Veille sur vous dans les dangers.

Quel deuil ! Un fléau funeste
Sur l'aile du vent, la peste,
Du ciel terrible courroux,
Comme un trait s'abat sur nous ;
La mort qui partout moissonne,
De tombes nous environne !
Ah ! sauvez-nous de tels dangers,
Tendre mère des affligés.

Dans les périls, la souffrance,
Dans l'exil ou dans l'absence
Régnez toujours sur nos cœurs,
Vierge des saintes douleurs.
Soyez, la nuit, notre étoile,
Sur l'eau, la meilleure voile.
Tendre mère des affligés,
Veillez sur nous dans les dangers.

Gardez pure la jeune âme
Que votre doux nom enflamme ;

De nos mères, de nos sœurs
Fortifiez les douleurs.
Du pauvre que la faim presse,
De la veuve en sa détresse,
Tendre mère des affligés,
Soyez l'appui dans les dangers.

A tous les maux de la terre,
Baume en tout lieu salutaire ;
Du malade et du pêcheur
Soyez l'appui protecteur ;
Quand le monde nous entraîne,
Ah ! brisez sa lourde chaîne.
Tendre mère des affligés,
Veillez sur nous dans les dangers.

De l'orgueil tristes victimes,
Le cœur entouré d'abîmes,
Quand pour nous parents, amis,
N'ont que froideur et mépris...
Au comble de la détresse,
Quand le désespoir nous presse,
Ah ! sauvez-nous dans ces dangers,
Tendre mère des affligés.

POUR LYON.

Vous dont Dieu fit sa demeure,
Sœur de toute âme qui pleure,
O Vierge de bon secours !
Sur Lyon veillez toujours ;
Soyez, du haut de Fourvière,
De tous fléaux la barrière ;
Tendre mère des affligés,
Gardez Lyon dans les dangers.

LA NUIT DE NOEL.

O nuit pleine d'espoir, de grandeur, de mystère !
O nuit qui d'un Sauveur parle à toute la terre !
Aux accents de l'airain dans les airs ébranlé,
Quel cœur au sein de Dieu ne se sent rappelé ?

Au temple où l'encens étincelle,
Chrétiens, la cloche vous appelle ;
Dans la crèche un Dieu vous est né :
A souffrir déjà destiné,
Jésus, le roi de la nature,
Des frimas subissant l'injure,
Pour Sauveur au monde est donné !

Qu'il soit sans cesse environné
De nos respects, de nos hommages,
L'enfant divin qui des rois mages
Vit le front royal prosterné.

O nuit grande et mystérieuse !
Aux sons de la cloche pieuse
Un Dieu d'amour et de bonté
Vient affranchir l'humanité.

Au pied de cette crêche sainte,
A l'aspect de cette humble enceinte
Où Jésus, Roi des rois, est né,
Que notre orgueil soit enchaîné.

Et vous, chaste Reine des anges,
L'enfant divin sur vos genoux,
Du ciel désarmez le courroux.
Accueillez les vœux, les louanges
Des cœurs qui n'espèrent qu'en vous ;
Mère du Christ, protégez-nous.

Cloches, sonnez, sonnez en fête,
Votre voix dans la nuit répète,

Au pécheur vers Dieu ramené,
Qu'à la terre un Sauveur est né.

Noël ! Noël ! sainte nuit d'espérance,
Un Dieu de force et de bonté,
Jésus fuyant sa majesté,
Soumis à l'humaine souffrance,
Daigne, sous les traits de l'enfance,
Sanctifier la pauvreté
Et rendre à tous l'éternité.

O Dieu d'amour et de clémence !
Gardez-nous votre éternité.

LE JOUR DE PAQUES.

O mort ! où donc est ton empire ?
Sur le Christ ta puissance expire !
De la tombe ressuscité,
Jésus, que l'amour seul inspire,
Rend l'espoir et la liberté
Au pécheur par lui racheté.

Que les cantiques d'allégresse
Remplacent l'hymne de tristesse ;
Et, des rameaux verts à la main,
Célébrons le céleste hymen

De l'Eglise au Christ consacrée,
De l'Eglise, heureuse et parée
Pour Jésus, son époux divin.

Hosanna ! Que nos chants de fête
Retentissent en ce beau jour !
Pécheurs, relevez votre tête ;
Un Dieu de puissance et d'amour,
De la mort faisant sa conquête,
A tous, en sa bonté parfaite,
Donne une place au radieux séjour.

Hosanna ! Que des chants de fête
Retentissent en ce beau jour !

Que l'espoir dans les cœurs habite :
Un Sauveur pour nous ressuscite.
Plus de sanglots, de vains remords.
Symbole d'éternelle vie,
Domptant des enfers la furie,
Jésus renaît d'entre les morts
Pour sauver cette terre impie.

Le Seigneur est ressuscité ;
Gloire à lui dans l'éternité !

Hosanna ! Que nos chants de fête
Retentissent en ce beau jour !
Pécheurs, relevez votre tête,
Jésus, dans sa bonté parfaite,
Prépare à tous son radieux séjour.

VENI, SANCTE SPIRITUS.

(INVOCATION A L'ESPRIT-SAINT.)

Esprit-Saint, venez parmi nous,
Embrasez des feux les plus doux
Toute âme soumise et fidèle
Au nom de Jésus qui l'appelle.

Venez, père des malheureux,
Appui miséricordieux ;
Des pauvres unique espérance,
Unique baume à la souffrance.

Oh ! descendez, Esprit divin ;
Purifiant l'impur levain,
Rendez la force à la faiblesse,
Gardez l'enfance et la vieillesse.

Esprit-Saint, venez parmi nous,
Embrasez des feux les plus doux
Toute âme soumise et fidèle
Au nom de Jésus qui l'appelle.

Soyez le flambeau de la nuit
Où l'orgueil humain nous conduit ;
Rectifiez les sombres voies,
Purifiez travaux et joies.

Venez, des cieux pure clarté,
Egide de la pauvreté ;
Venez, doux parfum d'innocence,
Venez, doux rayon d'espérance.

Esprit-Saint, venez parmi nous,
Embrasez des feux les plus doux
Toute âme soumise et fidèle
Au nom de Jésus qui l'appelle.

Esprit de paix et de bonté,
Bouclier de la chasteté,
Ranimez de vos vives flammes
La force et la foi dans nos âmes.

Sous votre souffle inspirateur
Chassez le doute et la tiédeur ;
Soyez l'appui de la faiblesse,
Soyez notre unique richesse.

Esprit-Saint, venez parmi nous,
Embrasez des feux les plus doux
Toute âme soumise et fidèle
Au nom de Jésus qui l'appelle.

Doux repos au sein du labeur,
Vent pur et frais dans la chaleur,
Secours divin dans nos alarmes,
Seul consolateur dans les larmes.

Sans vous, ô céleste flambeau !
Rien dans l'homme n'est pur et beau,
Tout cœur gémit, souffre et chancelle,
S'il n'est réchauffé sous votre aile.

Esprit-Saint, venez parmi nous,
Embrasez des feux les plus doux
Toute âme soumise et fidèle
A Jésus dont la voix l'appelle.

Redressez les faux jugements,
Eclairez nos aveuglements,
Fléchissez les âmes rebelles,
Réchauffez les âmes fidèles.

Rosée aux parfums bienfaisants,
Purifiez tous nos élans,
Lavez, de votre onde si pure,
De nos cœurs la moindre souillure.

Esprit-Saint, venez parmi nous,
Embrasez des feux les plus doux
Toute âme soumise et fidèle
Au nom de Jésus qui l'appelle.

Esprit de sagesse et d'espoir,
Gardez-nous le bonheur de voir,
Pour prix d'une chrétienne vie,
Dans les cieux Jésus et Marie.

Esprit-Saint, venez parmi nous,
Embrasez des feux les plus doux
Toute âme soumise et fidèle
Au nom du Seigneur qui l'appelle.

LE JOUR DES MORTS.

MÉDITATION.

Quelle rumeur soudaine a frappé mon oreille?
L'airain sacré résonne en éclatants concerts,
Et le vent froid d'automne emporte au sein des airs
    Ce signal pieux qui m'éveille.

Est-ce un chrétien de plus qui s'annonce aux mortels,
Une âme s'envolant aux célestes domaines?
Est-ce un cœur humble et pur adressant aux autels
Les vœux saints qui du ciel rivent les douces chaînes?
. . . .
Mais la cloche funèbre et l'hymne du trépas,

Pour me répondre, hélas! soudain se font entendre.
Je vois la sombre foule au champ des morts se rendre;
La mère et l'orphelin y gémissent tout bas.
De pleurer avec eux qui donc peut se défendre?
Vers ce lieu, tout chrétien doit diriger ses pas,
Car nos larmes des morts rafraîchissent la cendre.

O vous tous qui pleurez! je comprends vos douleurs
    Dans ce jour si grand de tristesse;
J'apporte comme vous des larmes et des fleurs,
Et veux sur des tombeaux instruire ma vieillesse.

Je trouverai du charme à pleurer avec vous
Sur tous ceux que le sort a séparés de nous.
J'ai perdu des amis au printemps de leur âge,
Rien n'a pu les sauver du funèbre voyage,
Loin de ceux qu'ils aimaient, séparés pour toujours,
Ils ont fui, leur laissant des jours sombres, des jours
Qu'un souvenir amer empoisonne sans cesse,
Laissant leur tendre mère en proie à la tristesse.
J'ai vu, comme des fleurs, tomber à mon côté
Ces compagnons d'enfance. Hélas! ils m'ont quitté,
Emportant le bonheur, l'espoir d'une famille,
Semblables à l'éclair qui s'éteint lorsqu'il brille.
Que de fois, leur regard sur vos cieux arrêté,

Ils m'ont parlé, Seigneur, de votre éternité !
Quand, d'une tendre voix qui conseille et qui blâme,
Anx doutes, à l'erreur, ils arrachaient mon âme.
Leur bouche avec la mienne avait sur vos autels
Prononcé du chrétien les serments solennels ;
D'une mère ils étaient la plus douce espérance,
Quand dans ses bras la mort brisa leur existence.
Adieu, nobles travaux, espoirs, bonheur permis !...
Car la mort n'attend pas, ô mes jeunes amis !
Mais votre âme, où régnait le doux nom de Marie,
Partage du Seigneur la splendeur infinie ;
Et comme vous, tout seul, en regardant les cieux,
Je me dis : Ils sont là, parmi les bienheureux !
— Sonnez, cloches, sonnez ! Vos sons courbent la tête
De l'orgueil, qui des morts n'ose insulter la fête !
Oui, la cloche funèbre a des mots de douleur,
Qui parlent d'un ami, d'un frère, d'une sœur,
Qui rappellent un père, une épouse, une mère,
Source d'affections changée en source amère !
— Cloches, sonnez ! Vos sons lugubres et pieux
Elèvent nos regards et nos cœurs vers les cieux.
Oui, c'est un jour de deuil et de grande tristesse
Que ce jour ! Il instruit l'enfance et la vieillesse.
Oui, chaque âge a besoin de prier à genoux
Sur tous ceux que le sort a séparés de nous ;

Pour ceux dont la mémoire honorée et chérie
Rappelle aux vrais chrétiens une exemplaire vie.
Oui, prions pour les morts, prions pour nos amis,
Nos proches, nos parents, et pour nos ennemis ;
Prions quand le foyer avec le soir pétille,
Prions quand le matin rassemble la famille.
Voyageurs dont la course est si près de finir,
Aux morts à chaque instant donnons un souvenir.
Mais, dans ce jour surtout de deuil et de tristesse,
Que nos cœurs désolés soient avec eux sans cesse.
Oui, dans ce jour des morts, quittant loisirs, travaux
Redevenons chrétiens à l'aspect des tombeaux.
Quand la cloche funèbre à prier nous convie
Dans ce champ de repos où l'homme s'humilie ;
Quand la cloche, éveillant les plus saintes douleurs,
Demande pour les morts des larmes et des fleurs,
Ecoutons recueillis la cloche aux morts fidèle,
Sainte voix qui vers Dieu dans ce jour nous appelle.

MARIE PRIEZ POUR NOUS
Lith. H. Brunet Fonville & Cie

PRIÈRE A LA VIERGE.

Vierge, Mère d'un Dieu sauveur
Plus grand que les cieux et la terre,
Dans votre sein le Rédempteur,
Délivrant le monde pécheur,
Se fit homme, ô divin mystère !
Et depuis lors, dans tous les temps,
Tous les peuples sont vos enfants,
Ils vous proclament bienheureuse,
D'une voix fervente et pieuse.
Près du Christ assise aujourd'hui,
O Vierge ! soyez notre appui.
Recevez les humbles hommages

De vos fils, comme des rois mages
Jésus de ses bras caressants
Reçut l'or, la myrrhe et l'encens.
A nos désirs soyez propice,
Vous, des pécheurs la protectrice.
D'un œil miséricordieux
Contemplez nos tributs pieux.
Intercédez, Vierge Marie,
Pour nous la Trinité bénie,
Et qu'un jour, exauçant nos vœux,
Grâce à votre appui généreux,
Au sein de l'éternelle vie
Nous puissions honorer Marie.

LA PRIÈRE SUR UN VAISSEAU.

Quand, battu par les flots, un navire égaré
Cherche en vain dans la nuit quelque port ignoré,
Quand, sans mâts, sans agrès, sans cordages, sans voiles,
Sur l'abîme béant, sous un ciel sans étoiles,
De ce navire en deuil l'équipage éperdu,
Sur le pont submergé, sans espoir s'est rendu;
Alors, aux cris impurs d'une aveugle furie
Succède un grand silence, et d'un enfant qui prie,
Qui prie avec ferveur, mains jointes, à genoux,
En invoquant tout haut le doux nom de Marie,
La voix s'élève aux cieux, disant : « Protégez-nous ! »

Et, le front prosterné, l'équipage répète
Le saint cantique au bruit de l'affreuse tempête.
O miracle ! soudain, le Ciel, intercédé
Par ce pieux enfant, à leurs vœux a cédé ;
L'horizon s'éclaircit, l'orage en fuyant gronde,
Et le calme renaît dans les airs et sur l'onde.
Car sur les vastes mers le matelot toujours,
Dans ses périls nombreux, à Marie a recours.
La Vierge de la Garde ou celle de Fourvière
Inspire le matin et le soir sa prière ;
Et des flots et des vents qui menacent ses jours,
Chrétien fidèle, il a, pour braver la colère,
Sa confiance en vous, seul abri tutélaire :
En vous, Marie, en vous, Vierge de bon secours,
Egide des marins, qu'il implore toujours,
    En vous seule il espère.

PRIEZ, PETITS ENFANTS.

O vous dont l'innocence
Semble un parfum des cieux !
Vous, qu'un ange, en silence,
Protége et suit des yeux ;
Lorsque l'impur blasphème
Ose troubler vos chants,
Priez, pieux enfants,
La Vierge qui vous aime
Et vous garde en tous temps.

Priez lorsque l'orage
Mugit au sein des airs,

4*

Lorsqu'aux flancs du nuage
Brillent de longs éclairs.
Priez, le Ciel lui-même
Veillera sur nos champs ;
Priez, priez, enfants,
La Vierge qui vous aime
Et vous garde en tous temps.

Priez quand la tempête
Soulève au loin les flots
Et fait courber la tête
Des pauvres matelots ;
Dans ce péril extrême
Leurs bras sont impuissants.
Priez, pieux enfants,
La Vierge qui vous aime
Et vous garde en tous temps.

Lorsque la faim livide
Rend muet l'atelier,
Quand sur la tombe avide
L'orphelin va prier ;
Lorsqu'un lâche orgueil sème
La honte aux cheveux blancs ;

Priez, petits enfants,
La Vierge qui vous aime
Et vous garde en tous temps.

Priez lorsque vos mères
Vous baignent de leurs pleurs,
Priez lorsque vos pères
Vous pressent sur leurs cœurs,
Quand coule le saint chrême
Sur les pauvres mourants,
Priez, pieux enfants,
La Vierge qui vous aime
Et vous garde en tous temps.

L'airain pieux résonne;
Chers enfants, à genoux !
Pour n'oublier personne,
Du cœur prions pour tous.
Lorsqu'à la tombe même
Insultent les méchants,
Priez, pieux enfants,
La Vierge qui vous aime
Et vous garde en tous temps.

SALVE REGINA.

Salut, Reine des cœurs pieux,
Reine de la terre et des cieux,
Salut, ô Vierge bienheureuse !
Mère miséricordieuse.
Par le nom d'Eve, enfants proscrits,
Jusqu'à vos pieds montent nos cris ;
Car vous êtes seule, ô Marie !
Notre espérance et notre vie ;
Dans ce vallon baigné de pleurs,
Sur cette terre de douleurs
Vous seule soutenez sans cesse
Nos cœurs en proie à la tristesse.

Protectrice du genre humain,
Marie, ouvrez-nous le chemin
Des cieux, que sans cesse désire
Le cœur que votre amour inspire.
Du fond d'un exil douloureux,
De vos fils entendez les vœux,
En soupirant leur voix vous crie :
Protégez-nous, Vierge Marie,
Soyez pour nous, près du Sauveur,
Un doux refuge, un défenseur,
Et que votre amour nous obtienne
Cette paix de l'âme chrétienne
Qui seule donne le bonheur.

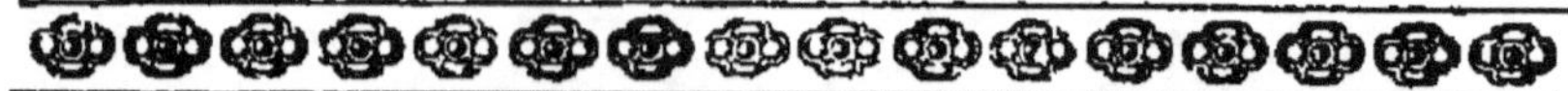

PENSÉE SUR LA MORT.

A M. Sorling, curé de Fleurieux.

La mort pour le chrétien, la mort pour le vrai sage
N'a rien du sombre aspect qu'on donne à son visage.
Sur ces traits décharnés, dans ces froids ossements,
Le chrétien trouve encor de saints enseignements;
Il se dit que la vie est à peine un voyage
Dans ce monde où la mort nous attend au passage;
Que, devant un tombeau, le tyran redouté,
Sur son trône croulant pense à l'éternité;
Que l'impie et l'athée ont, à l'heure suprême,
Des terreurs qu'un Dieu juste épargne à ceux qu'il aime.

Mais vous, dont la vertu dirige tous les pas,
Vous, l'élu du Seigneur, ces débris du trépas,
Loin de vous attrister, ravivent dans votre âme
La bienfaisante ardeur d'une divine flamme,
Et, votre œil plein d'amour sur les cieux arrêté,
Que de fois, mon ami, vous avez répété :
Dans l'ombre où nous marchons, funèbre sentinelle,
La mort sur cette terre en frappant nous appelle
     A l'immortalité !

INVIOLATA.

Pure et chaste Vierge Marie,
A Dieu lui seul toujours unie,
Vous êtes la porte des cieux,
Porte brillante à tous les yeux,
Porte d'ivoire, douce flamme
Qui vers son Dieu dirige une âme !
Tendre mère du Rédempteur,
O vous, dont le nom protecteur
Partout est béni sans relâche !
Vierge pure, Vierge sans tache,
Que nous implorons à genoux,

Nos voix, nos cœurs montent vers vous,
Et nos vœux fatiguent sans cesse
Votre inépuisable tendresse.
Doux phare dans l'adversité,
Pur flambeau de l'éternité,
Sur votre peuple qui supplie,
Jetez un regard, ô Marie !
Intercédez pour le pécheur
Dont les remords rongent le cœur.
Vierge compatissante et bonne,
Grâce à vous, que Dieu nous pardonne !
Pure et chaste Reine des cieux,
Sur vos enfants jetez les yeux.

LA CLOCHE DU VILLAGE,

ou

L'Angelus aux Champs.

Aux sons de l'airain pieux
Elevons nos cœurs aux cieux.
A cette heure de mystère,
De Dieu tout parle à la terre !
Le travail n'agite plus
La cité ni la chaumière.
C'est l'heure de la prière ;
A genoux, c'est l'*Angelus.*

Dès l'aube, le vieux clocher
Au sommeil vient arracher

L'homme dont, subtile flamme,
Jusqu'à Dieu remonte l'âme.
La cloche à tous les élus
Rappelle un Dieu de lumière.
L'oiseau chante sa prière,
Et l'enfant dit l'*Angelus*.

De la colline aux vallons
La cloche jette ses sons ;
Chaque habitant du village
A la Vierge rend hommage.
A ces sons doux et connus,
L'homme en s'éveillant espère,
Et l'enfant, près de sa mère,
Redit tout bas l'*Angelus*.

Comme un adieu solennel,
Jusqu'au séjour éternel,
Dans les airs l'airain sonore,
Quand vient le soir, tinte encore.
Au travail ne livrez plus
Vos corps baissés vers la terre,
Car le repos, la prière,
Sont dictés par l'*Angelus*.

Voix du ciel, au sein des champs
La cloche aux pieux élans,
Dans la solitude même,
Fait rêver à ceux qu'on aime;
Sous les ombrages touffus
Des modestes cimetières,
La cloche dit nos prières
Chaque soir à l'*Angelus.*

SOUFFRANCES ET COMPASSION

DE

LA VIERGE.

O modèle inimitable de pureté, de résignation et d'innocence! Vierge douce et compatissante, quel cœur chrétien ne se sentirait ému au seul souvenir de vos vertus et de vos saintes douleurs? Reine des anges, suave fleur aux parfums célestes, quelle voix, quelle lyre seraient dignes de célébrer votre nom béni des anges et de la terre, votre nom auguste et révéré? N'êtes-vous pas la seule ancre de salut de nos infortunes, le seul refuge favorable aux pauvres pécheurs?

Vous êtes bénie, ô modèle de résignation et

de pureté ! Vierge Marie, nos cœurs vous bénissent, lorsque, la voix de l'ange du Seigneur annonçant le Messie, nous vous voyons incliner votre front céleste ! Quel exemple de modestie, de résignation et d'angélique pudeur que celui que vous avez donné alors à toutes vos compagnes de la terre en cette circonstance si solennelle, si imposante de votre vie ! O Marie ! vous l'élue du ciel, vous la colombe aux blanches ailes, vous la reine des vierges et des anges, vous inclinâtes alors votre doux front si radieux de toutes les grâces de la modestie et de la pudeur, et répondîtes d'une voix tremblante déjà chère au Très-Haut :

« *Ecce ancilla Domini, fiat mihi secundum verbum tuum.* — Je suis la servante du Seigneur, qu'il me soit fait selon votre volonté. »

Ah ! mon âme ! puissiez-vous prendre toujours pour modèle une résignation si vraie, si humble, une résignation si digne de Dieu, dont Marie se montre dans les moindres actes de sa vie la servante fidèle et obéissante. Pour suivre un si pur modèle, redites sans cesse dans la joie ou l'affliction : *Ecce ancilla Domini !*

Si des vertus de Marie nous passons à ses souffrances, à ses douleurs de mère, ô mon âme! quels divins enseignements et quels sujets d'éternelle méditation n'aurez-vous pas à vénérer et à suivre!

Marie, parfum d'innocence, lys d'amour et de pureté ; Marie, rose mystique ; Marie, la consolatrice des affligés, va s'offrir à nos regards chrétiens comme une source inépuisable de tendre pitié, de dévouement et de résignation maternels.

O mères et épouses affligées! tournez sans cesse vos yeux voilés de pleurs vers Marie, le secours des cœurs chrétiens, vers Marie, la tendre mère des malheureux!

Vous tous qui souffrez, implorez Marie ; elle ne vous abandonnera pas.

Contemplons aussi Marie cherchant Jésus absent depuis plusieurs jours, Jésus se préparant déjà à sa passion en instruisant les docteurs dans le temple. Voyez-la, cette tendre mère, inquiète et désolée, cherchant partout le divin Sauveur, mais cachant sa douleur et restant toujours soumise à la seule volonté du ciel.

O Vierge Marie! protégez les pères et les mères chrétiens au cœur humble et soumis aux volontés de votre divin Fils.

Associons-nous à l'effroi, à l'anxiété douloureuse de la Mère du Sauveur lorsqu'elle apprit que par les ordres cruels d'Hérode tous les enfants de l'âge de Jésus étaient voués à une mort certaine.

Quelles craintes poignantes et quelles angoisses pour ce cœur si tendre, pour ce cœur, source intarissable de bonté et d'amour, pour ce cœur de Marie!

Nous voyons encore Marie, déjà si souffrante, si humble et si résignée sur la paille de la crêche, nous la voyons fuir en toute hâte avec saint Joseph vers l'Egypte, bravant les fatigues d'un long voyage, le vent et la froide obscurité des nuits, souffrant de la faim et de la soif dans les sables du désert, tout cela pour mettre à l'abri d'une fureur aveugle les jours du divin Rédempteur.

O Vierge Marie! et vous, saint époux de la Mère de Jésus, en souvenir de votre douloureux voyage, protégez-nous et veillez sur nous dans le douloureux voyage de cette vie.

Inclinez-vous, majestés royales, vanités terrestres, abaissez vos fronts orgueilleux ; ambitions et joies de ce monde, rentrez dans le néant à l'aspect de Marie assise sur la paille d'une étable et tenant sur ses genoux Jésus, l'enfant céleste, le Sauveur du monde.

Plus tard, lorsque les populations se pressent sur les pas de l'Homme-Dieu, soumises par sa parole toute puissante et subjuguées par ses nombreux miracles, Marie, elle, toujours humble et soumise aux décrets du ciel, s'associe silencieusement aux triomphes pacifiques de son divin fils.

Mais l'heure du sacrifice, l'heure de la passion du Dieu fait homme s'approche !

Déjà Jésus est entré dans la voie sanglante et cruelle qu'il va suivre jusqu'au Calvaire pour notre salut à tous.

Ah ! comment peindre maintenant la participation intime, l'association sainte et douloureuse de Marie à toutes les douleurs de son divin Fils ?

Quis est homo qui non fleret Christi matrem, si videret?

Quel est l'homme qui n'eût pleuré à l'aspect du deuil et de la douleur si poignante de Marie?

Ah! cœurs chrétiens et fervents qui souffrez ici-bas, quels sont donc, je vous le demande, vos peines auprès de celles de la tendre Mère de Jésus?

Quel homme n'eût pleuré à l'aspect de cette douleur surhumaine et inexprimable de la Mère de l'Homme-Dieu crucifié, baigné dans son sang devant elle?

Quis est homo qui non fleret?

Dans nos dangers, dans nos alarmes, dans nos souffrances, implorons donc la Mère du Christ; implorons-la au nom de son Fils mourant sur la croix pour nous; par le souvenir de ses tortures et de ses épreuves douloureuses de mère éplorée et suppliante, implorons dans nos peines Marie, la mère de tous les chrétiens.

Car ce fut du haut de sa croix que Jésus mourant nomma Marie la mère de tous les chrétiens, alors que, lui désignant pour fils Jean, son disciple bien-aimé, il lui dit d'une voix expirante :

Ecce filius tuus !

« Admirez, ô chrétiens ! son amour, l'amour
» de Jésus !

» Voyant du haut de sa croix combien l'âme
» de sa mère était attendrie, et que son cœur
» ébranlé faisait inonder ses yeux par un tor-
» rent de larmes amères, comme si c'eût été là
» qu'il l'eût attendue, il prit son temps de lui
» dire, lui montrant saint Jean :

« Femme, voilà ton fils ! — *Ecce filius tuus !* »

» Fidèles, ce sont ses mots ; et voici leur
» sens, si nous les savons bien pénétrer :

« O femme affligée ! lui dit-il, à qui un amour
» infortuné fait éprouver à présent jusqu'où peut
» aller la compassion d'une mère, cette même
» tendresse dont vous êtes maintenant touchée
» si vivement pour moi, ayez-la pour Jean mon
» disciple et mon bien-aimé ; ayez-la pour tous
» mes fidèles que je vous recommande en sa
» personne, parce qu'ils sont tous mes disciples
» et mes bien-aimés : *Ecce filius tuus !* »

» Vous dire combien ces paroles poussées du

» cœur du fils descendirent profondément au
» cœur de la mère et l'impression qu'elles y
» firent, c'est une chose que je n'oserais pas
» entreprendre.

» Songez seulement que celui qui parle opère
» toutes choses par sa parole toute puissante,
» qu'elle doit avoir un effet merveilleux, surtout
» sur sa sainte Mère, et que pour lui donner
» plus de force il l'a animée de son sang et l'a
» proférée d'une voix mourante, presque avec
» ses derniers soupirs. Tout cela joint ensemble,
» il n'est pas croyable ce qu'elle était capable
» de faire dans l'âme de la Sainte Vierge !

» Jésus n'a pas plus tôt prononcé ces quelques
» mots à saint Jean pour lui dire que Marie est
» sa mère, qu'incontinent ce disciple se sent
» possédé de toutes les affections d'un bon fils ;
» et depuis cette heure-là il la prit chez lui.

» *Et ex illâ horâ accepit eam discipulus in suâ.*

» A plus forte raison, sa parole doit-elle avoir
» agi sur l'âme de la mère et y avoir fait entrer
» bien avant un amour extrême pour nous,
» comme ses véritables enfants ! »

Ainsi s'exprime le prince des orateurs sacrés, l'illustre Bossuet, nous montrant les principales causes de la tendre et inépuisable compassion de Marie pour ses enfants, c'est-à-dire pour tous les chrétiens.

Nous avons vu quels motifs devaient nous faire élever sans cesse nos cœurs vers la divine Mère de Dieu dans les peines ou les souffrances de cette vie ; nous avons essayé de rappeler brièvement à nos lecteurs quelle source de consolations et quels baumes salutaires renferme pour tous les pécheurs et pour les malheureux le cœur de Marie. Maintenant, et en terminant, nous laisserons le pieux et éloquent auteur de l'*Imitation de Jésus-Christ* nous montrer Marie comme le modèle le plus parfait de sainte résignation et d'angélique douceur que la terre et les cieux offrirent jamais à un chrétien.

« Quelles durent être les souffrances de la Mère
» du *Verbe fait chair*, lorsqu'elle le vit devenu
» *l'homme de douleurs*, livré aux puissances des
» ténèbres, traîné devant les tribunaux, traité
» de séducteur, frappé par une soldatesque in-

» solente; lorsqu'elle le vit cruellement flagellé,
» couronné d'épines, réputé plus coupable que
» Barrabas, condamné à mort, chargé de l'instru-
» ment de son supplice, accablé sous son poids;
» lorsqu'elle entendit les coups du marteau qui
» enfonçait les clous dans les pieds et les mains
» de ce cher Fils; lorsqu'elle le vit élever en
» croix, placé sur cette croix entre deux scélé-
» rats, insulté par ses ennemis qui triomphaient
» de sa mort et qui n'avaient à lui présenter
» que du vinaigre mêlé de fiel pour apaiser sa
» soif; enfin quand elle le vit rendre sur la croix
» le dernier soupir, et qu'elle fut témoin du
» coup de lance dont un soldat ouvrit le côté
» pour s'assurer de sa mort.

» Dans ces cruelles souffrances Marie fit pa-
» raître la patience la plus héroïque.

» Ame affligée, voilà votre modèle dans votre
» affliction.

» Le chemin de la croix est le chemin du ciel;
» tous les saints y ont passé! » (*Imitation de
Jésus-Christ.*)

Et nous, nous redirons à la fin de ce Pèlerinage, à tous les cœurs abattus et découragés, à toutes les afflictions, à toutes les douleurs, à tous les deuils et à toutes les souffrances réservés au chrétien dans cette vallée de larmes, nous redirons à nos pieux lecteurs : Allez à Fourvière visiter la Mère des affligés, le doux refuge des pécheurs; allez implorer dans sa chapelle la Reine des anges, la Mère du divin Sauveur; elle vous rendra l'espoir, le calme, la résignation, le courage dans l'adversité; elle seule enfin apportera quelque adoucissement à vos chagrins, à vos tourments terrestres; car Notre-Dame de Fourvière est toujours, elle surtout, une mère miséricordieuse; Marie est en tout temps la véritable mère des affligés!

FIN.

LYON. — Imprimerie de Bounsy fils.